W9-AUM-198

CYCLE DES APPRENTISSAGES FONDAMENTAUX

LECTURE EN FÊTE

CP
LIVRE 1

PAULINE VIAN
Professeur d'École normale

LUCIENNE SELLERI DE COSTER
Conseillère pédagogique

NICOLE PACIFICO-LUINI
Maître formateur

ANTONELLA PETTURITI-FRANCO
Maître formateur

PAUL BONNEVIE
Inspecteur de l'Éducation nationale

Illustrations
Joëlle Boucher

HACHETTE
Éducation

Conception des logos et de la maquette :
Élisabeth Maréchal

Mise en page et réalisation : Élisabeth Maréchal
Cursive : Nicole Vilette

Conception de la couverture : Daniel Musch

ISBN 2.01.115972.5
© Hachette Livre, 1993, 1996
43, quai de Grenelle - 75905 Paris cedex 15

Tous droits de traduction et d'adaptation réservés pour tous pays.

Le Code de la propriété intellectuelle n'autorisant, aux termes des articles L.122-4 et L.122-5, d'une part, que les «copies ou reproductions strictement réservées à l'usage privé du copiste et non destinées à une utilisation collective», et, d'autre part, que «les analyses et les courtes citations» dans un but d'exemple et d'illustration, «toute représentation ou reproduction intégrale ou partielle, faite sans le consentement de l'auteur ou de ses ayants droit ou ayants cause, est illicite».

Cette représentation ou reproduction, par quelque procédé que ce soit, sans autorisation de l'éditeur ou du Centre français de l'exploitation du droit de copie (20, rue des Grands-Augustins, 75006 Paris), constituerait donc une contrefaçon sanctionnée par les articles 425 et suivants du Code pénal.

AVANT-PROPOS

● *Lecture en Fête* est **une méthode active** qui conjugue la rigueur de l'apprentissage et le plaisir d'apprendre. **L'entraînement méthodique à la compréhension d'un texte et l'apprentissage du code sont menés en parallèle.**

● *Lecture en Fête* présente **des textes vrais** d'une grande variété, un choix **d'écrits authentiques** (photographies, affiches publicitaires, cartes, etc. dans les pages documentaires), **des textes "surprises"** où l'imagination et l'humour alternent avec des récits réalistes qui renvoient à l'expérience enfantine.

● Dans l'apprentissage du code, *Lecture en Fête* met l'accent sur **une étude systématique des relations phonies-graphies.**

● **Le livre 1**
Il comprend 9 modules. Chaque module est clairement structuré : texte de base + aides à la lecture, pages documentaires, exercices structuraux, textes "surprises", page "poésie", pages de combinatoire.

● **Le cahier d'exercices**
Construit en étroite relation avec le livre (à chaque module du livre correspondent 8 pages), il propose des exercices phonologiques, des exercices de fixation de mots et de phrases, des exercices de compréhension, de construction du sens, d'entraînement à la lecture.

● **Le livret mode d'emploi**
Il donne les clés d'utilisation de la méthode et présente l'exploitation détaillée d'un module.

● **Le guide pédagogique**
Il donne les fondements pédagogiques de la méthode, l'exploitation détaillée et complète de chaque module du livre. Il propose des exercices d'évaluation, un ensemble d'exercices complémentaires et de soutien, des textes à lire supplémentaires et des jeux.

Sommaire et progression

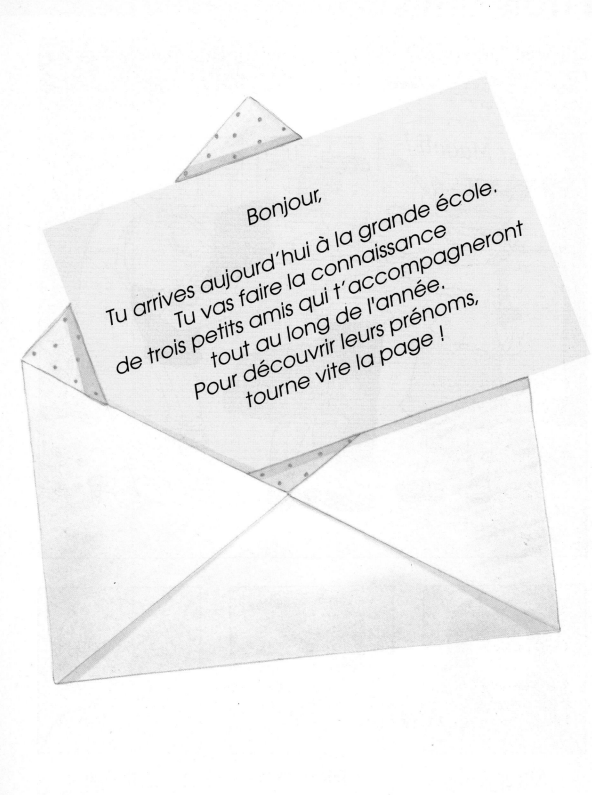

Bonjour,

Tu arrives aujourd'hui à la grande école.
Tu vas faire la connaissance
de trois petits amis qui t'accompagneront
tout au long de l'année.
Pour découvrir leurs prénoms,
tourne vite la page !

Trois amis

Magali

Pierre

Olivier

C'est Magali.

C'est Pierre.

C'est Olivier.

Trois amis

C'est Olivier ?

C'est Magali ?

C'est Pierre ?

C'est un garçon.

C'est une fille.

C'est l'école.

Pierre est à l'école.

Pierre est à l'école.
Magali est à l'école.

Olivier est un garçon.
Magali est une fille.

Allô ! Allô !

Pierre dit :
« Je suis allé à l'école. »

Olivier dit :
« Je suis allé à l'école, avec Pierre et Magali. »

En vacances

« Je suis allé à la mer.

— Moi, je suis allée à la montagne
avec Papa et Maman.

— Et moi, je suis resté à la maison.
J'ai joué avec mes copains. »

la mer

la montagne

la maison

les copains de l'école

J'ai joué avec Pierre.

Magali dit :
« J'ai joué avec Pierre. »

Partir...

La montagne, ça marche !

◄ Pourquoi voit-on cette partie du calendrier ?

Compare ce document à celui de la page de gauche.

Je suis allé à la mer.
Je suis allé à la montagne.
Pierre est allé à l'école,
avec Olivier et Magali.

Moi, je suis en vacances.
Moi, je suis à la montagne.
Moi, je suis à la campagne.
Moi, je suis là.

Je suis resté à la maison.
Je suis resté avec Maman.
Olivier est resté à l'école.

J'ai joué avec mes copains.
J'ai joué à l'école.
Magali a joué à l'école.

Ma famille

Pierre dit :
« C'est ma maman
et mon papa. »

Chez Pierre

*Pierre !
Magali est là ?*

*Oui, Magali est
avec moi.*

Samedi

Magali dit :« Samedi,
je suis restée
à la maison.
J'ai joué à l'école
avec mon copain. »

La classe d'Olivier

Dans la classe, il y a 11 garçons et 14 filles :

Fabien, Samia, Mario, Rachel, Loïc…

Mario est le copain d'Olivier.

Le père de Mario est né en Italie.

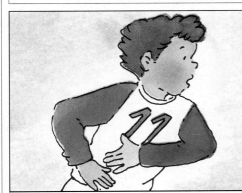

dans la mer

dans la classe

11   onze

14   quatorze

le père
de Mario

la mère
de Mario

en Italie

La carte de l'Europe

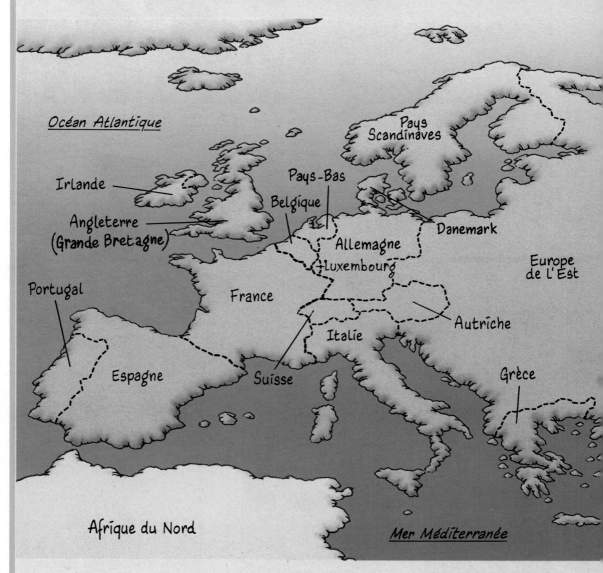

Océan Atlantique

Pays Scandinaves

Irlande

Pays-Bas

Belgique

Angleterre (Grande Bretagne)

Danemark

Allemagne

Luxembourg

Europe de l'Est

Portugal

France

Autriche

Italie

Espagne

Suisse

Grèce

Afrique du Nord

Mer Méditerranée

Où est la France ? Où est l'Italie ? Où est l'Angleterre ?

La carte du monde

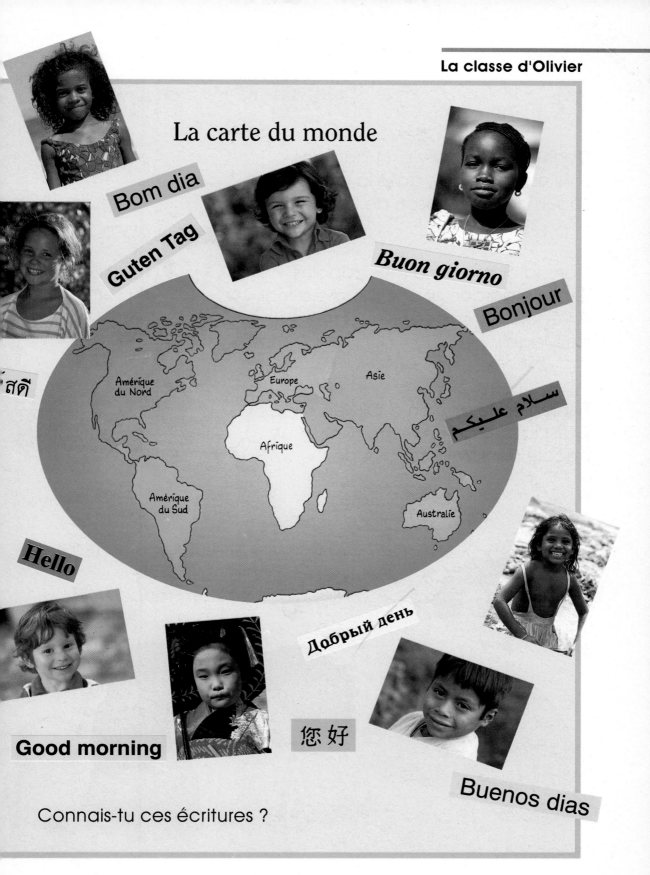

Bom dia

Guten Tag

Buon giorno

Bonjour

สวัสดี

سلام عليكم

Amérique du Nord

Europe

Asie

Afrique

Amérique du Sud

Australie

Hello

Добрый день

Good morning

您好

Buenos dias

Connais-tu ces écritures ?

Dans ma classe, il y a 11 garçons.
Loïc est avec moi, dans la classe.
Je suis dans la maison de Rachel.

Dans la classe, il y a mes copains.
Il y a un garçon et une fille avec moi.
À l'école, il y a le père et la mère
de Magali.

Fabien est le copain d'Olivier.
C'est la maison de Pierre.
L'école de Samia est grande.

Le père de Mario est né en Italie.
Samia est née en Tunisie.
Magali est née en France.

Ma classe

Loïc parle :
« Dans ma classe,
il y a Olivier.
Il y a Pierre et Magali,
Mario, Fabien et Nathalie.
Il y a Samia et Natacha.
Et moi ! Et moi ! Et moi ! »

Le monde…

Olivier dit :
« Il y a le monde entier dans mon école :
la France, l'Italie, la Tunisie… »
Magali rit :
« Le monde ? C'est très grand ! »

Dans l'avion

Fabien est allé en Allemagne,
chez des amis.
De l'avion, il a vu
les montagnes de France.
Mais il n'a pas vu la mer.

Les grandes vacances de Mario

Mario est en vacances en Italie.
Il passe un mois chez sa grand-mère.
Le dimanche, il reste à la maison :
il joue aux cartes, avec ses copains italiens.

Page d'écriture

Deux et deux quatre
quatre et quatre huit
huit et huit font seize...
Répétez ! dit le maître
Deux et deux quatre
quatre et quatre huit
huit et huit font seize.
Mais voilà l'oiseau-lyre
qui passe dans le ciel
l'enfant le voit
l'enfant l'entend
l'enfant l'appelle :
Sauve-moi
joue avec moi
oiseau !
Alors l'oiseau descend
et joue avec l'enfant
...

Jacques Prévert

« Paroles », Gallimard.

La tortue de Pierre

Dans le jardin, la petite tortue
marche vers la salade.
Pierre dit :
« Elle ne va pas vite !
Marche, petite tortue ! »

le jardin

la salade

une petite tortue

une grande tortue

une marche

Elle marche
vers le jardin.

Les tortues

La tortue de terre : elle marche.

La tortue de mer : elle nage.

Regarde les pattes des tortues. Que remarques-tu ?

La tortue géante

LE VILLAGE DES TORTUES

LA PROTECTION D'UNE ESPECE EST L'AFFAIRE DE TOUS.
C'est pourquoi le VILLAGE DES TORTUES de GONFARON est ouvert au public.

CE CENTRE D'ELEVAGE ET DE REPEUPLEMENT de la tortue d'Hermann accueille chaque année les tortues redonnées par les particuliers (et les soigne dans sa CLINIQUE DES TORTUES), les met en élevage, obtient 250 juvéniles par an, et relâche dans le MASSIF DES MAURES de 300 à 500 tortues d'Hermann chaque automne. Vous assisterez "en direct" à ce travail de sauvegarde, et verrez au VILLAGE DES TORTUES de GONFARON nos enclos de reproduction, nos écloseries et nurseries, nos centres de soins et d'information. Le meilleur garant de la sauvegarde d'un animal est l'information du public. Plus de 15.000 enfants, chaque année, visitent notre CENTRE, sont guidés et informés ; ce sont eux, demain, qui préserveront la dernière tortue française.

Ouvert de 9 à 19 h, tous les jours
Fermé en Décembre-Janvier-Février

 ICI LE W.W.F. FRANCE PROTEGE LA NATURE

On l'appelle le village des tortues. Pourquoi ?

La tortue marche vers la salade.
Rachel marche vers la maison.
Je marche vers Pierre.

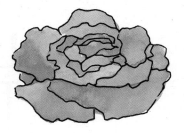

Magali va vite. —————— Nathalie ne va pas vite.
J'ai joué dans le jardin. ——— Il n'a pas joué dans le jardin.
Je suis en vacances. ——— Elle n'est pas en vacances.

C'est un petit jardin ? ——— Non, c'est un grand jardin.
C'est un petit garçon ? ——— Non, c'est un grand garçon.
Il est petit ? ——————— Non, il est grand.

Ma classe est petite.
Sa classe est grande.
La maman de Fabien a une petite fille.
La maman de Loïc a une grande fille.

Dans le jardin

La tortue marche dans l'allée.
Magali va vers elle.
La tortue rentre vite dans sa maison.

Tortue…

Pierre marche vers l'école.
Son copain lui dit : « Va plus vite !
— Non, je joue à la tortue ! dit Pierre.
Je ne marche pas vite,
avec ma maison sur le dos. »

À la mer

Magali joue dans l'eau, avec S
À onze heures, Magali s'e
Samia va nager avec s
La petite fille ne nage

Le lièvre et la tortue

Ode à la mer

Ici dans l'île
la mer
et quelle mer !
est hors d'elle-même
à chaque instant,
elle dit oui, elle dit non,
et non et non et non,
elle dit oui, en bleu,
en écume, en galop,
elle dit non, et non.
Elle ne peut rester tranquille,
elle répète je m'appelle mer.
...

Pablo Neruda

« Odes élémentaires »,
trad. Jean Francis Reille, Gallimard.

[a]	👁 a		
	avec	salade	la
	allée	jardin	pas

la salade

une fille

[i]	👁 i			👁 ï	👁 y
	il	vite	dit	Loïc	il **y** a
	Italie	fille	samedi		

[l]	👁 l			👁 ll	
	la le	Olivier	il	allée	elle
	les	salade	école		

Olivier

la mer

[R]	👁 r			👁 rr	
	resté	garçon	mer	arrivée	Pierre
	Rachel	marche	père		

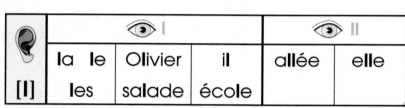

A A a a I I i i L L l l

[t]	👁 t			👁 tt	
	tortue	montagne	petite	attends	patte
	Tunisie	resté	carte		

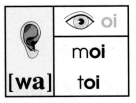

la tortue

avec toi

le toit de la maison

ta maman

un tas

tu attends

la toile — une étoile

la toiture

il est tard — en retard

une tasse

la tortue — la Tunisie

une carte

la tarte

le toit

une patte de tortue

la pâte à tarte

il rate l'avion

[wa]	👁 oi
	m**oi**
	t**oi**

R Ꞧ R ꞧ T Ꞇ t t

35

Dans la cour de l'école

Olivier dit à Pierre :

« Tu viens jouer à cache-cache ?

— Oui ! Je me cache.

— Moi aussi, crie Mario,

j'y suis ! »

On joue bien dans la cour de l'école !

la cour

Il court.

J'y suis !

Elle joue
à cache-cache.

Ma-ga-li !

Pierre crie.

Elle va bien.

Elle va mal.

Jeux d'hier

Jeu de billes

Jeu de cerceau

Comment sont habillés
les enfants ?

Est-ce que tu joues encore
à ces jeux ?

Jeux d'aujourd'hui

Jeu de ballon

Jeu de l'élastique

Sais-tu jouer aux jeux que l'on voit sur cette page ?
Compare ces documents à ceux de la page de gauche.

Tu viens jouer, Magali ?
Viens jouer, Magali !

Tu viens nager avec moi ?
Viens nager avec moi !

Moi aussi, je cours vite.
Toi aussi, tu nages bien.
Elle aussi, elle est restée
à la maison.

Magali crie dans la maison.
Ne crie pas, Magali !
Pierre court.
Ne cours pas, Pierre !
Fabien marche sur la salade.
Ne marche pas
sur la salade, Fabien !

Je suis dans le jardin.
J'y suis.
Je suis allé à la campagne.
J'y suis allé.

Devinette

J'ai quatre pattes.
Je vis dans la maison,
dans le jardin ou dans la rue.
Je mange les rats et les souris.
Je suis…

Les copains

Olivier rentre chez lui.
Il arrive devant la maison de son ami Pierre.
Pierre crie :
« Bonjour, Olivier !
J'ai des billes. Tu viens jouer ?
— Oui, je le dis à Maman et je reviens.
— Va vite ! » dit Pierre.

La course

Dans la cour, tous les enfants jouent.
Pierre va vers Magali.
Il lui dit :
« On fait la course ? »
Pierre court aussi vite que Magali.
Mais il tombe… « Aïe ! »

Magali revient vers lui.
Elle lui dit :
« Tu as mal ?
— Non, mais je ne joue plus ! »

La marelle

Un, deux, trois,
c'est moi et c'est toi.
Quatre, cinq, six,
attention, tu glisses.
Sept, huit, neuf,
un palet tout neuf.
Dix, onze, douze,
tu sautes jusqu'au rouge.
Prends ta grande échelle,
pour aller au ciel.

Embouteillage

Feu vert ! Feu vert ! Feu vert !
Le chemin est ouvert !
Tortues blanches, tortues grises, tortues noires,
Tortues têtues ! Tintamarre !
Les autos crachotent,
Toussotent, cahotent
Quatre centimètres,
Puis toutes s'arrêtent.
Feu rouge ! Feu rouge ! Feu rouge !
Pas une ne bouge !

....

Blanches, grises, vertes, bleues,
Tortues à la queue leu leu !…

Jacques Charpentreau
« La Ville enchantée », L'école des loisirs.

"Hou! Hou!"

[u]	👁 ou		
	où ?	**c**our	**jou**e
	h**ou** ! h**ou** !	**c**ourse	**tou**t

le loup

la tour

elle **joue**

la **joue**   le jour — bonjour !

la **roue**   elle roule — la route

le **loup**   une loupe

c'est **tout**   toute la classe

il court

la **cour**

il **court**

c'est **court**   elle est courte

c'est **lourd**   elle est lourde

une **tour**   le retour

pour **toi**

OU   *ou*   C   *C*   Ç   *ç*   *S*   *s*   S   s

[s]	s			ss	
	samedi	resté	course	aussi	classe
	suis	Espagne		Russie	glisse

la course

5

cinq

[s]	c			ç
	c'est	décembre	France	garçon
	cinq	cerceau	vacances	

je suis là   la suite — ensuite

sa maman   c'est sale — une salle

sous le toit   dessous — la souris — il sourit

si tu viens   aussi — assis !

la soie   le soir — bonsoir !

j'ai su lire   il suce son pouce

ses amis

la classe

un as   elle casse tout

un os   une tasse

Pierre tousse

un garçon

la trace — merci — je récite

une leçon — je l'ai reçu — il suçait son pouce

C'est mercredi

C'est mercredi. Magali a invité Pierre.

Ils décident de faire une compote,

avec les pommes du jardin.

Pierre lit la recette :

« Lave les pommes.

Coupe-les en quatre.

Enlève la peau.

Mets un peu d'eau dans une casserole.

Ajoute les pommes et un peu de sucre.

Fais cuire à petit feu. »

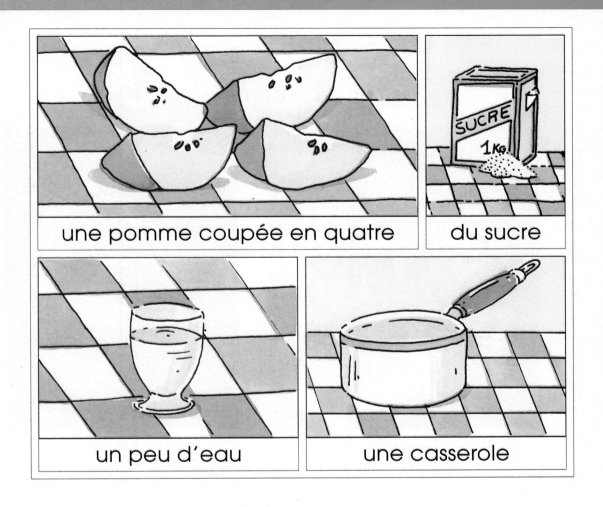

une pomme coupée en quatre

du sucre

un peu d'eau

une casserole

La compote cuit à petit feu.

à grand feu

Fruits d'automne

**Le raisin
pousse sur la vigne.**

Que fait-on avec le raisin ?

**La châtaigne
ressemble à un autre fruit.**

Lequel ?

POMMES, POMMES, POMMES…

Il y en a des jaunes, des **rouges** et des **vertes**…
Des pommes toutes lisses, d'autres à la peau plissée…
Elles ont toutes un goût différent
et bien sûr, elles ont toutes un nom différent !

Poires « *Belle Hélène* »

Pour 6 personnes, il faut :

- *1 boîte de 1 kilo de poires au sirop ;*
- *1 litre de glace à la vanille ;*
- *250 grammes de chocolat à cuire ;*
- *50 grammes d'amandes effilées.*

— Mettre le chocolat coupé dans une casserole.
— Ajouter 2 cuillerées d'eau.
— Faire fondre au bain-marie.
— Faire égoutter les poires.
— Mettre chaque fruit dans une coupe.
— Ajouter deux ou trois boules de glace et les amandes.
— Verser le chocolat chaud par-dessus.

Lave la salade.
Lave-la.

Coupe les pommes en quatre.
Coupe-les.

Mets le sucre dans l'eau.
Mets-le.

Enlève la peau.
J'enlève la peau.

Ajoute les pommes.
J'ajoute les pommes.

Fais cuire la compote.
Je fais cuire la compote.

Rachel et Samia décident d'inviter une amie.
Elles décident de faire une compote.
Fabien décide d'aller nager.
Nathalie décide de rester chez elle.

Avant d'aller à l'école

Le matin, Magali fait vite.
Elle se lève, elle se lave.
Sa maman verse le lait
dans une tasse.
Magali ajoute du sucre
et du chocolat en poudre.
Elle mange du pain
et de la compote
de pommes.
Il est huit heures.
« Vite, dit Maman,
tu es en retard. »

Jérôme a six ans

Jérôme a invité ses amis.
Il a posé les tasses sur la table.
Jérôme et ses copains mangent
de la tarte aux poires.
Que c'est bon !
« Encore un peu de chocolat
chaud ? » demande Jérôme.
Magali lève sa tasse et…
elle la renverse sur la nappe.
Pauvre Magali !

Devinette

Il n'a pas de pattes.
Il vit dans les jardins.
Il a sa maison sur le dos.
Il avance comme une tortue.
C'est…

Au marché

C'est le jour du marché.
« Lève-toi vite, Pierre ! dit Maman.
J'ai invité Mamie pour midi.
Tu viens au marché avec moi. »
Dans les allées, Pierre suit sa maman.
Elle achète des pommes, de la salade,
des pommes de terre.
Que c'est lourd ! Mais Maman marche vite
pour être de retour avant midi.

Berceuse pour une pomme

1

Pomme, pomme, dormez-vous ?
Pomme, pomme, dormez-vous ?
Pomme rouge
Rien ne bouge.
Pomme d'api
N'y a plus de bruit.

Eh, eh, dit la pomme,
Pourquoi voulez-vous que je dorme ?

2

Pomme, pomme, rêvez-vous ?
Pomme, pomme, rêvez-vous ?
Pomme blanche
C'est dimanche.
Pomme d'api
N'y a plus de bruit.

Oh, oh, si je rêve
Comment voulez-vous que je me lève ?

3

Pomme, pomme, dites-moi,
Pomme, pomme, dites-moi,
Pomme d'or
Puisque tout dort
Pomme d'api
Qui fait ce bruit ?

C'est moi, dit la pomme,
Mais, dis, tu veux bien que je dorme ?

Anne Sylvestre
« Fabulettes ».

![ear] [ã]	👁 an-am			👁 en-em		
(6) an**s**	Fr**an**ce	mam**an**	**en**	r**en**tre	pr**en**ds
	c**am**pagne	gr**an**d	**en**lève	nov**em**bre	

dans la cour   dedans — la danse

je suis en rang   je range

sans toi   la santé

il est grand   grandir — il grandira

une lampe

une rampe

Maman

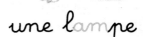

une lampe

il rend le ballon   j'ai rendu les billes

il tend la patte   elle a entendu

il est lent   ralentir — le silence

elle sent   sentir — l'essence

j'en ai cent   cinq centimes

cent

septembre — décembre

En   en   En   an   an   An

[p]	👂 p			👂 pp	
	petite	papa	Europe	appelle	nappe
	pomme	compote	coupe		

la pomme

un	pas	un repas — il passe — elle repasse
un	pou	la poule — une ampoule — je pousse !
une	pie	une pile — un tapis — aspire !
un petit	pois	une poire — un poil
il	pend	pendre — pendant — le serpent
	pan !	

	c'est	pour	moi
une coupe		pur	sucre
la soupe		par	ici
la loupe	elle	part	

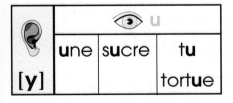

la lune

appeler — j'ai appris — bon appétit !

[y]	👂 u		
	une	sucre	tu
			tortue

	tu	lis	une tulipe
j'ai	lu		la lune
j'ai	pu	lire	la purée
j'ai	vu	Loïc	une revue
	la	rue	

𝒫 P 𝓅 p   𝒰 U 𝓊 u

Noël

C'est bientôt Noël.

Ce matin, la maîtresse arrive

avec un grand carton.

Elle l'ouvre.

« Oh ! Que c'est beau !

Un sapin, des guirlandes, une étoile dorée,

des boules rouges, vertes…

— Comme elle brille, cette étoile ! dit Olivier.

J'aimerais la mettre tout en haut du sapin. »

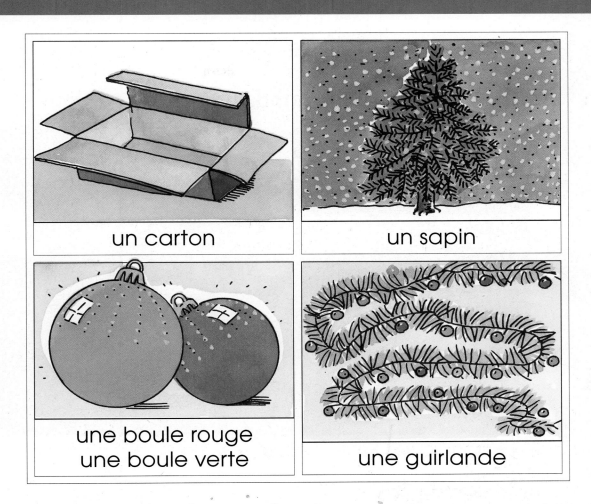

un carton

un sapin

une boule rouge
une boule verte

une guirlande

Il est tout en haut.

Il est tout en bas.

Noëls du monde entier

À quoi voit-on que c'est Noël dans les rues de cette ville ?

Noël dans un pays froid

Noël dans un pays chaud

Quelles sont les différences entre
Noël du pays froid et Noël du pays chaud ?

Le catalogue de jouets

390F

MAGNÉTOPHONE

TU PEUX PARLER OU CHAN-TER DANS LE MICRO, T'ENRE-GISTRER, ENTENDRE TA VOIX. SI TU VEUX ÉCOUTER TES MUSIQUES PRÉFÉRÉES, SANS DÉRANGER, IL Y A UNE PRISE POUR LE CASQUE.

Dès 4 ans. À piles.   **390 F**

VÉLO TOUT TERRAIN

ROUES : 500 mm.
COLORIS : BLEU OU BLANC.
GARANTIE : 1 AN.   **482 F**

482F

VOITURE À partir de 6 ans.

VOITURE À CHENILLES, RADIO-COMMANDÉE. MARCHE AVANT ET ARRIÈRE, VIRAGE À DROITE ET À GAUCHE, ARRÊT. SÉLECTEUR DE VITESSE POUR LES SURFACES PLANES ET LES SURFACES DIFFICILES.

Les voitures radiocommandées consommant beaucoup d'énergie : nous vous conseillons d'utiliser des piles rechargeables.

245F

99,50F

95F

POUPÉE : 50 cm

JOLIE… JOLIE COMME UNE POUPÉE DE COLLECTION. CHOISIS ENTRE LA CHATAIN ET LA BLONDE, CELLE QUI TE RESSEMBLE LE PLUS.

La poupée : **95 F**

TABLEAU MAGNÉTIQUE

TU JOUES AVEC LES ÉLÉ-MENTS OU TU ÉCRIS AVEC UN FEUTRE SPÉCIAL.   **99,50 F**

179F

OURS NOËL : 33 cm

CET OURSON POLAIRE ADORE LA NEIGE ET LES SPORTS D'HIVER COMME TOI.   **179 F**

C'est bientôt Noël. _____ Ce n'est pas encore Noël.
C'est bientôt le matin. _____ Ce n'est pas encore le matin.
C'est bientôt cuit. _____ Ce n'est pas encore cuit.

J'aimerais mettre une étoile ici.
J'aimerais voir le Père Noël.
Joël aimerait une tasse de chocolat chaud.

J'aime la compote de pommes.
J'aime bien marcher dans la campagne.
J'aime aussi faire du vélo.

Oh ! Que c'est beau !
Oh ! Qu'il est beau, ce sapin !
Oh ! Qu'elle est belle, cette guirlande !

Comme elle est belle !
Comme il fait beau !

Les vieux jouets

« Ton coffre à jouets déborde,
dit Maman à Magali.
On va jeter les jouets cassés et
en donner d'autres aux enfants
de l'hôpital.
— Oh ! Non, Maman.
J'ai beaucoup de jouets,
mais je les aime tous :
ce sont mes amis.
J'ai une idée ! Attends. »

Aussitôt, Magali court dans sa chambre
et revient avec sa tirelire :
« Tiens, Maman, prends tout. Avec cet argent, nous irons
acheter des jouets neufs pour les enfants malades. »
Maman sourit :
« C'est une bonne idée ! Mais on jettera quand même
les jouets cassés, pour mettre un peu d'ordre dans ta chambre. »

Le rêve d'Olivier

C'est mercredi après-midi.
Olivier est à la maison. Il pense au Père Noël.
Il s'imagine que celui-ci lui téléphone.

« Allô ?
— C'est le Père Noël au téléphone.
Tu veux jouer avec moi ?
Alors, va dans le jardin.
Un message est caché sous le pommier.
Fais vite ! »

Olivier arrive dans le jardin. Il trouve le message sous le pommier.

MESSAGE 1
Marche vers la grosse pierre.
Tu trouveras le message 2.

Olivier va vers la grosse pierre. Il la soulève et il voit le message 2.

MESSAGE 2

Retourne dans la maison.
Tu trouveras ta toupie rouge.
Mets-la par terre.

Olivier rentre dans la maison. Il pose la toupie par terre.✗
Ô merveille ! La toupie s'élance.
Elle avance de plus en plus vite, comme une voiture de course.
Elle passe sous le tableau. Elle tourne autour de la poupée.
« Arrête-toi ! » dit la poupée.

C'est magique !
La toupie s'arrête devant un grand carton.
Olivier l'ouvre.
Il découvre alors un superbe vélo de course,
une voiture téléguidée
et un gros ballon vert.

Noël
des ramasseurs de neige

…
Et pourtant c'est Noël
Noël qu'il faut fêter
fêtons fêtons Noël
ça se fait chaque année
ohé la vie est belle
ohé joyeux Noël
Mais v'là la neige qui tombe
qui tombe de tout en haut
elle va se faire mal
en tombant de si haut
ohé ohéého

Jacques Prévert
« La Pluie et le beau temps »,
Gallimard.

[k]	👁 c			👁 qu		
	comme	é**c**ole	ave**c**	**qu**'il	pour**qu**oi	Afri**que**
	crie	en**c**ore	Loï**c**	**qu**e **qu**i		magi**que**

je cours   au secours — un parcours   il se cache
le car   le carton — écarte-toi !   il se couche
mon corps   la Corse — d'accord !   il se coupe
       l'eau coule

c'est sec
un sac
un lac
tac !
tic !

un sac

le ski

le ski — un anorak

le cirque — une étiquette — c'est piquant

que dis-tu ?
qui suis-je ?
quand ?
quoi ?

cinq — un coq

un coq

C 𝒞 c c K 𝒦 k k Q 𝒬 q q

[o] 👂	👁 o		👁 o	👁 au		👁 eau		
	Oh !	po**s**é	Mario	**au**ssi	il f**au**t	**eau**	b**eau**coup	b**eau**
hôpital			gr**o**s	h**au**t	ch**au**d			tabl**eau**

un mot   c'est faux   c'est beau
c'est tôt   un saut   de l'eau
un pot   un seau d'eau
un sot   la peau

un chapeau
un château
un râteau

le pot   le château

[ɔ] 👂	👁 o	
or	école	
	comme	

j'ai tort   la tortue
le port   la porte — porter
elle sort   la sortie — sortir
elle mord   il a mordu — mordre

une pomme
comme moi   le col
de la colle   le sol
elle est molle   le bol

de l'or

O O o o Au Au au au

La lettre

Après les vacances de Noël,
Dominique n'est pas revenu à l'école.
La maîtresse a reçu cette lettre.

Chère maîtresse
Chers petits amis

Bonneval
le 4 janvier

Je vous souhaite une bonne année.
J'ai passé Noël chez mes grands-parents.
J'ai eu une voiture téléguidée et
un tableau pour écrire.
Je ne suis pas rentré à la maison
dimanche parce que la neige était tombée
toute la nuit : la route était coupée.
Si tout va bien, on mangera la galette
des Rois ensemble. J'ai déjà fait
la couronne.

A bientôt

Dominique

Les enfants de la classe
de Madame Lelièvre
E.P. École du Moulin
75012 Paris

Le pain est coupé.

La route est coupée.

la galette des Rois

la couronne

Bonne année !

Pierre souhaite une bonne année à Magali.

La neige tombe.

À la poste

Il faut beaucoup d'indications sur une enveloppe,
pour qu'une lettre arrive à destination !

l'oblitération   le timbre

la flamme

la Plagne
toute la montagne
en 10 stations
LA PLAGNE

73 LA PLAGNE
15-30
22-2
1993
SAVOIE

le nom ———— Mme Lucile NIVA

l'adresse ———— 22, Rue du Petit Jour

le code postal
en chiffres ———— 75001   PARIS

le code à barres

La carte postale

Pour envoyer une carte postale,
on n'a pas besoin d'enveloppe :
il y a une petite place pour l'adresse,
et une autre pour le texte.

Nice

Je pense à toi.
Je t'embrasse
très fort.

Caroline

CANNES
CÔTE D'AZUR
CANNES-PPAL 6-1-93

SA SAISON
DURE
TOUTE
L'ANNÉE

CANNES PPAL
ALPES-MARITIMES
1993

Valentine Lelong
17 Rue du Puits
75 008 PARIS

Réf. 6119
Tirage photographique sur demande - Reproduction interdite

17, rue de la Préfecture • Editions Jean-Louis Marraud
06300 Nice - France - Tél.

La lettre par avion

Les lettres qui vont loin voyagent par avion.
On les écrit souvent sur du papier plus fin,
plus léger et on les envoie
dans des enveloppes spéciales.

Les timbres

Pour envoyer une lettre, il
faut coller un timbre.
On peut faire aussi une
collection de jolis timbres.

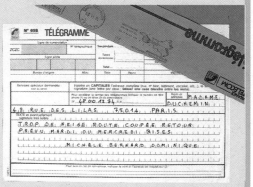

Le colis

Pour expédier un colis postal, on peut
acheter un emballage spécial au
bureau de poste.

Le télégramme

Pour communiquer une
nouvelle urgente, on peut
envoyer un télégramme.

Il existe encore d'autres services postaux. Lesquels ?

La maîtresse a reçu cette lettre.
J'ai reçu un gros colis.
Vendredi, tu as reçu tes amis.

Rachel reçoit une carte.
Loïc reçoit un cadeau.
Moi, je reçois mes grands-parents.

La neige était tombée.
La route était coupée.
Jean était rentré chez lui.

Maman achète le pain.
La lettre arrive.
Pierre écrit.

Elle achètera le pain, dimanche.
Elle arrivera avant Noël.
Il écrira à sa mamie.

J'ai eu un tableau pour écrire.
Marie a eu une bonne idée.
Tu as eu chaud.

Si tout va bien,
s'il fait beau,
si la neige ne tombe plus,
si la voiture peut passer
sur la route,
je serai à l'école lundi !

Conte d'hiver

C'est l'histoire d'un tout petit sapin qui vit dans une grande forêt.

L'hiver, la montagne met son manteau blanc,

la neige brille sur les arbres.

Les étoiles brillent aussi, la nuit.

C'est magnifique !

Mais un jour, plus de neige !

Le petit sapin est très malheureux :

« Je n'ai plus mon manteau de neige.

Je suis le plus laid de tous les arbres

avec mes aiguilles toutes raides.

J'aimerais tant être l'arbre

le plus beau de la forêt ! »

Il entend alors une voix qui dit :

« Fais un souhait !

— Je voudrais avoir un manteau

qui brille toujours… un manteau tout en or. »

Et le lendemain matin…

Le petit sapin
est recouvert d'or.

Mais une nuit,
un voleur passe par là…

Et voilà le petit sapin
tout nu.

Alors, il fait encore un souhait :
« Je voudrais avoir un manteau tout en verre. Le verre brille, aussi ! »
Le jour suivant…

Le petit sapin
est recouvert de verre.

Mais, tout à coup,
le vent se met à souffler.

Et voilà encore
le petit sapin tout nu.

Le petit sapin est désespéré.
« Tant pis ! Donnez-moi les feuilles des autres arbres. »
Et, le jour suivant…

Le petit sapin
a les mêmes feuilles
que ses voisins.

Mais une chèvre
passe par là et broute
tout son feuillage.

Et voilà le petit sapin
vraiment tout nu…

Imagine la fin.

Lettre

Tu m'as dit si tu m'écris
Ne tape pas tout à la machine
Ajoute une ligne de ta main
Un mot un rien oh pas grand'chose
Oui oui oui oui oui oui oui oui

Ma Remington est belle pourtant
Je l'aime beaucoup et travaille bien
Mon écriture est nette et claire
On voit très bien que c'est moi qui l'ai tapée
[…]
Pourtant pour te faire plaisir j'ajoute à l'encre
Deux trois mots
Et une grosse tache d'encre
Pour que tu ne puisses pas les lire.

Blaise Cendrars
« Du monde entier au cœur du monde »,
in *Feuilles de route*, © Éd. Denoël.

 [m]	👁 m			👁 mm	
	maison **m**aîtresse	j'ai**m**erais a**m**i	j'ai**m**e	po**mm**ier	po**mm**e co**mm**e

mon copain

c'est mou

il a mis un chapeau

il ment

un mot

je me cache

mes amis

il monte — une montre

la mousse — un amour

un ami — midi — mille

il a menti — mentir

un moment — une moto

comment ? — il commence

 [wa]	👁 oi		
	oiseau	ét**oi**le s**oi**r	m**oi** tr**oi**s

une maison

trois mois

le roi

c'est toi

un pois

de la soie

la joie

une armoire

un tiroir

une étoile

un poireau

un soir — une soirée

un oiseau

M M m m oi oi D D d d on on

[d]	👁 d		
dans	mercre**d**i	mon**d**e
doré	len**d**emain	guirlan**d**e

un disque

je **dis** : « oui ! »   un disque

du pain   j'ai perdu

mon **dos**   un dossier — un dossard

des tortues   il descend — descendre

il est **doux**   elle est douce — doucement

ma **dent**   un dentiste

je **dois** partir

il est grand — elle est grande

[ɔ̃]	👁 on			👁 om		
on	m**on**tagne	mais**on**	**om**bre	c**om**pote	pl**om**b
onze	r**on**de	r**on**d		t**om**bé	

une ronde

un **rond**   une ronde — un marron

ton papa   un mouton — le menton

son ami   un ourson

c'est **long**   un salon — un pantalon

un **pont**   tapons des mains !

non !   un ânon — un canon

un **nombre**

c'est **sombre**

à l'**ombre**

une ombre

La surprise

En rentrant de l'école, Olivier aperçoit dans la cuisine un énorme paquet.

« Qu'est-ce qu'il y a sur la table ?

demande-t-il à sa maman.

Est-ce que c'est un jouet ?

— Non, devine.

— C'est peut-être un animal ?

— Oui.

— Est-ce qu'il vole ?

— Non !

— Il vit dans la montagne ?

— Non !

— Il vit dans l'eau ?

— Oui !

— Est-ce qu'il fait des bulles ?

— Oui !

— Il a des nageoires ?

— Oui !

— J'ai trouvé : c'est un poisson !

— Bon anniversaire, Olivier !

— Merci, Maman !

J'en avais tellement envie. »

un paquet

une cuisine

un tout petit animal

un énorme animal

Bon anniversaire, Olivier !

Un poisson d'eau douce

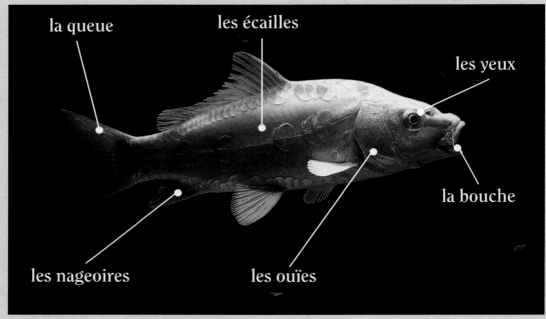

la queue

les écailles

les yeux

la bouche

les nageoires

les ouïes

Ce poisson vit dans la rivière.

Si tu veux élever un poisson rouge, il faut :

un aquarium

de l'eau

des plantes aquatiques

des pierres

du sable

Ce poisson mange des puces d'eau séchées, une fois par jour.

Des poissons d'eau de mer avec de drôles de noms

Le poisson-vache

Le poisson-papillon

Le poisson-perroquet

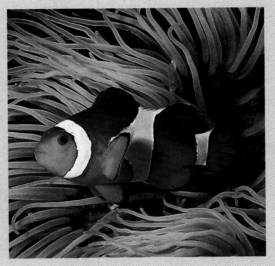

Le poisson-clown

Chaque poisson a un nom amusant.
Dis pourquoi.

Est-ce que c'est un jouet ?
Est-ce que c'est un animal ?
Est-ce que c'est un poisson ?

C'est peut-être une surprise.
Paul est peut-être chez lui.
Valentine a peut-être mangé tout le chocolat !

Est-ce qu'il a des ailes ?
Est-ce qu'elle se couche tôt ?
Est-ce qu'Élodie peut venir ?

C'est un animal ?
Il vit dans l'eau ?
Il a des nageoires ?

Où vit-il ?
Que mange-t-il ?
Quand aura-t-il sept ans ?

Encore une devinette

C'est un animal qui n'a pas de pattes.
Il vit dans la mer, mais ce n'est pas un poisson.
Il s'accroche aux rochers.
Il se déplace au fond de l'eau.
Il a cinq branches.
Qu'est-ce que c'est ?

Le chat et le poisson

Le poisson rouge
tourne en rond
dans son aquarium.

Tout à coup,
le chat de la maison
pousse la porte.

Hop ! D'un bond,
il saute sur la table.

Doucement, il pose
ses pattes sur le bord
de l'aquarium.

Il regarde le poisson.
Il plonge une patte
dans l'eau.

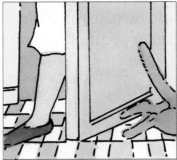

À ce moment-là,
Maman arrive.
Vite, le chat disparaît.
Ouf ! Le poisson
est sauvé.

Les vacances de Rocky, le perroquet

C'est bientôt les vacances. Papa dit :
« Que va-t-on faire de Rocky ?
Il n'y a plus de place dans la voiture. »
Olivier est triste.

Soudain, il a une idée : il va
demander à madame Leroi
si elle veut bien garder l'oiseau.
« J'aimerais te faire plaisir, Olivier,
mais moi aussi je pars en vacances. »
Alors, il va voir madame Lapierre.
« Je ne peux pas, Olivier,
Minet pourrait manger ton Rocky ! »

Comment faire ?
Tout à coup, Olivier pense
à son copain Rémi. Il lui téléphone.
« Oui, d'accord, répond Rémi.
Je ne pars pas.
— Pas d'accord ! Pas d'accord ! »
Rocky donne son avis.
« D'accord ou pas d'accord, mon petit
Rocky, il n'y a pas d'autre solution. »

Où est Minet ?

Aujourd'hui, dans sa boulangerie, madame Lapierre est très inquiète : Minet, son petit chat, n'est pas rentré depuis hier.
Elle dit à Sandrine :
« Tu n'as pas vu Minet ?
— Non ! Il est sûrement au jardin public. J'y vais… »
Dans le jardin, Sandrine appelle :
« Minet ! Mi… NET ! MINET ! »
Pas de réponse. Sandrine revient :
« Minet n'y est pas ! »

Le soir arrive, toujours pas de Minet ! Alors, Sandrine va chercher ses amis parisiens, en vacances chez elle.
Elle leur dit : « Michel et Sophie, allez vers le château. Jérôme et moi, nous allons vers la piscine.
— Mais, nous ne connaissons pas bien l'endroit !
— J'y ai pensé. Voilà un plan. Rendez-vous dans une demi-heure, ici, à la boulangerie.

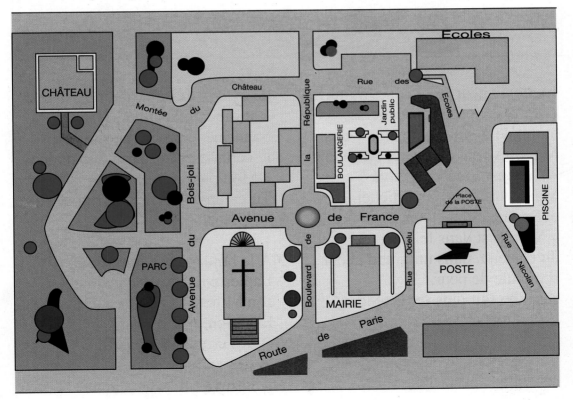

La demi-heure se passe. Sandrine
et Jérôme sont les premiers
au rendez-vous, les mains vides.
Mais, au bout de la rue, on entend :
« Ça y est ! On l'a trouvé !
Venez vite ! » C'est Michel
et Sophie qui arrivent en courant.
« Minet est dans le parc
du château, dans un grand chêne.
Il miaule de peur,
car il ne sait plus redescendre !
Il faut une échelle !

Dans le parc du château,
les enfants accompagnés
de monsieur Lapierre, réussissent
à attraper le chaton.
Sandrine le prend dans ses bras,
le caresse et lui parle doucement :
« Mon pauvre Minet !
Tu es encore trop petit pour faire
de l'escalade ! »

À la boulangerie, madame
Lapierre retrouve avec joie
son Minet.
Elle a préparé du lait
et des croquettes pour lui
et une corbeille de pains au chocolat
pour les gentils sauveteurs.

Le poisson fa

Il était une fois
Un poisson fa.
Il aurait pu être poisson scie,
Ou raie,
Ou sole,
Ou tout simplement poisson d'eau
Ou même un poisson un peu là,
Non, non, il était poisson fa :
Un poisson fa,
Voilà.

Bobby Lapointe
Intersong.

Le perroquet

C'est très coquet
Un perroquet

Des plumes rouges
Bleues violettes
Ça vit ça bouge
et ça répète

C'est très coquet
Un perroquet

Dans un baquet
Un perroquet
Ça fait trempette
Et ça répète

C'est très coquet
Un perroquet

Tais ton caquet
Vieux perroquet
Mais ça répète
Saperlipopette

C'est très coquet
Un perroquet

Jean-Hugues Malineau
« Il était une fois les animaux »,
Éd. La Farandole.

[e]		é			ez	er	es
	écrire	tél**é**phone	dor**é**	ch**ez**	all**er**	m**es** amis
	école	d**é**coupe	ann**ée**	pren**ez**	olivi**er**	d**es** îles

Elle a marché dans la classe. ——Tu vas marcher.
Vous avez mangé des poires. ——Pierre ira manger.
Tu as passé les pommes. ————Il faut passer ici.

un olivier

Il a compté. —————Comptez !
On a commencé. ——Commencez !
J'ai récité. —————Récitez !

il écoute — le cinéma — la récréation

le téléphon

[v]		v	
	vite	a**v**ec	arri**v**e
	va	a**v**ance	la**v**e

il va bien   avalez !
il vit   une villa
le vent   une aventure
un veau   c'est nouveau
où vont -ils ?   le savon
vous jouez ?   nous voulons
vos amis   voler

Magali se lève
elle se lave
la cave
la poule couve

le savon

é é V V v v N N n n

ᐧ	👁 n			👁 nn	
[n]	**n**eige	devi**n**ette	télépho**n**e	an**n**ée	bo**nn**e
	nuit	a**n**imal	jau**n**e	do**nn**era	

mais **non !**   c'est inondé — annoncer

c'est **nous**   c'est nouveau — la nourriture

     nos   amis   une note — la panoplie

le **nid**   Nice — un animal

il est **nu**   un numéro — un menu

il est **né**   bonne année

le nid

le nom — le prénom

l'âne — la banane — la cabane   bonne **nuit**

                                elle **sonne**   à la porte

                                il **donne**   un jouet

tr	pr	cr	dr
le troupeau	le pré	je croise	un drap
illustrer	une prune	l'écriture	à droite
le titre	il apprend	l'encre	l'adresse
l'autre	c'est propre	le sucre	prendre

vr	pl	cl
c'est vrai	un plan	la clé
ouvrir	aplatir	il éclate
un livre	un parapluie	une boucle
couvre-toi !	c'est simple	mon oncle

Pic téléphone

Pic est le jumeau de Pik. C'est « Pic, pas de panique » !

Allô... Allô... Ah non ! Maman n'est pas là !

Ah, tiens, il faut que j'appelle tante Noémie !

Allô ! Tante Noémie ! Quoi, Marcel !!! Zut de zut ! Ce n'est pas le bon numéro !

Quelques minutes plus tard...

Allô ! C'est quoi, cette voix ? La barbe, un répondeur !

Bon, je rappellerai tout à l'heure !

Allô, qui c'est ? Mais c'est moi ! Qui, moi ? Moi, c'est Pic ! Au fait, merci pour ton cadeau !

Pik téléphone

Pik est le jumeau de Pic. C'est « Pik, esprit pratique » !

TEXTE : CATHERINE PEUGEOT. ILLUSTRATION : CLAUDE ET DENISE MILLET. LETTRAGE : FRANÇOIS BATET.

là déjà fait !!!

Le dauphin, un poisson ?

Sais-tu vraiment ce que c'est qu'un dauphin ? Si tu le dessinais, tu lui ferais sûrement une nageoire sur le dos, deux autres de chaque côté du corps et une grande queue, tout comme un poisson.

Mais voilà, le dauphin n'est pas un poisson ! Comme la baleine et le marsouin, la femelle dauphin porte son petit dans son ventre, de neuf à dix-huit mois, selon les espèces. Elle le nourrit de son lait : c'est donc **un mammifère**.

Les dauphins sont des animaux très intelligents et amis de l'homme.

On les dresse parfois dans d'immenses aquariums : les marinelands.

Ils regrettent sans doute leur vie libre, dans l'immense océan.

Mais les très nombreux visiteurs apprennent à mieux les connaître et à comprendre qu'il faut protéger l'espèce des dauphins.

Étonnant non ?

Au sommet du crâne, le dauphin possède une narine qui lui permet de respirer à l'air libre.
Il a donc besoin de venir souvent à la surface de l'eau.
Cette narine s'appelle **un évent**.

Arion et les dauphins

Les dauphins ont toujours intrigué les hommes. Les Anciens les trouvaient déjà intelligents. Dans de nombreuses légendes, les dauphins sauvent des marins au cours des naufrages. On les voit aussi jouer dans l'eau avec les enfants. Arion est un poète qui vivait, il y a très longtemps. On raconte qu'il revenait d'Italie à bord d'un navire, quand cette aventure lui arriva.

La lune resplendissait sur la mer. Pas un souffle de vent. Les flots étaient calmes. Pourtant, on voyait au loin, une sorte de remous. On aperçut bientôt des dauphins qui jouaient dans l'eau.

Arion émerveillé, regardait ce beau spectacle. Pour mieux le contempler il s'approcha tout près du bord du navire, se pencha mais, perdant l'équilibre, il tomba à la mer…

Son corps allait disparaître sous les flots, quand les dauphins arrivèrent à toute vitesse. Ils se glissèrent sous lui et le soulevèrent. Arion fut d'abord complètement affolé. Cependant les dauphins le transportaient sans peine. Ils l'entouraient avec sympathie, ils se relayaient pour le porter.

Enfin, ils approchèrent du rivage. Alors, deux d'entre eux quittèrent le troupeau et vinrent doucement déposer Arion sur la plage. Le poète était sauvé !

Sur la mer parfaitement calme, leur mission accomplie, les dauphins s'éloignaient…

D'après Plutarque,
« Le Banquet des sept sages ».

[ɛ]	👁 è	👁 ê		👁 ai		👁 ei	👁 e	
	lièvre	être	fête	aime	souhaite	lait	neige	elle	mer
	frère		rêve		semaine		reine		cette

un lièvre

la fête
ma tête
une bête
elle est prête
la crête

la crête

chère amie
ma mère
mon père
je pèle la pomme

la baleine

la reine
les veines
la peine

du verre
la terre
je te serre la main

la baleine — la madeleine

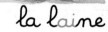

la laine

j' aime lire
aide -moi
une aile
l' air

la laine
elle est laide
laisse -moi

merci — l'averse

l'arbre vert
la mer
je te sers
il perd

l'herbe verte — ouvert
le merle — mercredi
le service — le dessert
j'ai perdu — le persil

de l'herbe

la pelle   un appel   cette tarte
la belle maison   un bel   arbre   je jette tout
la selle du vélo le sel   elle est nette

                                              cet   arbre
                                          c'est net

le sel

une pelle

je reste
ma veste

une veste

j'espère — un escalier — le restaurant — presque tout

la maîtresse — la pluie cesse

un poulet

et	ai	è	ê
un poulet	du lait	près de toi	un arrêt
un jouet	il était une fois	dès demain	la forêt
un ticket	s'il te plaît	très bien	es-tu prêt ?
un bonnet	la maison	après tout	
un bouquet	nous aimons		

ê ê è è ai *ai* ei *ei*

Références

14/15 : © Fuste Raga / Jerrican - "Vous l'aimez nature, ne jetez rien qui la dénature" - Photo J.-M. Borghi / Sagacité Dircom 06 pour le Conseil général des Alpes-Maritimes.

20 : *La carte de l'Europe :* ill. Richard Bourdoncle.

21 : *La carte du monde :* ill. Richard Bourdoncle - *haut :* © Koch / Rapho - © Diaz / Rapho - © Abkoog / Explorer - © M. Cambazard / Explorer - *bas :* © C.Waeghemacker / Imagine - © A. Amsel / Explorer - © Frahey / Rapho - © Koch / Rapho.

28 : *haut à gauche :* © Lemoine / Jacana - *haut à droite :* © Labat-Lanceau – Aquarium de la Rochelle / Jacana.

29 : © B. Porlier – B. Devaux / Village des tortues à Gonfaron – France.

38 : *haut :* © Jacques Rivière.

39 : *haut :* © Michel Gile / Rapho - *bas :* © Hachette.

48 : Raisins © H. Berthoule / Jacana - Châtaignes © A. Carrara / Jacana - Pommes © B. Jarret.

49 : © H. Amiard / Agence Top.

58 : (Paris) © M. Cogan / Top - *bas à gauche :* © O. Simon / Gamma - *bas à droite :* © Patrick Simon.

59 : Galeries Lafayette - *tableau magnétique :* Bourrelier - *vélo :* © Eric Sampers / Gamma sport.

63 : *texte :* Maurice Rosy et Marie-Hélène Delval – *illustrations :* Maurice Rosy in « Pomme d'Api » n° 286 – déc. 89 – © Bayard Presse.

70 : © Sarval / Rapho.

80 : *haut :* © J.-M. Labat / Jacana - *bas :* © A. Fléniaux.

81 : *haut à gauche :* © Coll. Varin-Visage / Jacana - *haut à droite :* © S. Pecolatto / Jacana - *bas à gauche :* © R. Amsler / Jacana - *bas à droite :* © M.-H. Sharp / Jacana.

90/91 : *texte :* Catherine Peugeot – *illustrations :* Claude et Denise Millet – *lettres :* François Batet in « Astrapi » n° 324 – 15/04/90 – Bayard Presse.

Imprimé en France par Jean-Lamour - 54320 Maxéville

Dépôt légal n° 4684-08/2000 - Collection: 35 - Edition: 05

11/5972/2